# 책머리

인생은 혼자라는 걸 잘 알면서도
밀려오는 외로움에 힘들어 하는 건
아직 고독을 배우지 못한 까닭이지

다른 방법은 없다
철저한 고독으로 자신을 무장시키지 않으면
외로움을 이길 방법은 없다

2007년 12월
묵 연

차 례

알기에_ 4

위안_ 6

가슴이 떨렸네요_ 7

그대와 나 끝없이 채워지나니_ 8

깊은 마음_ 9

빛_ 10

우리네 사랑은_ 11

아쉬운 마음_ 12

나를 반기는 이_ 13

살결_ 14

정말로 달다!_ 15

행복한 나그네_ 16

밤마다 사랑하며_ 17

송장처럼 누워_ 18

잠시 세상을 잊도록 하자_ 19

괴로움_ 20

신비로움_ 21

의·식·주_ 22

죽으면 다 끝이다_ 23

어디론가 돌아가네_ 24

돌아서면_ 26

열정은 식고 이성은 둔해지네_ 27

그냥 있는 것_ 28

무언가 있다!_ 29

귀를 즐겁게 하는 소리보다_ 30

고독한 사람이 되라_ 31

바닷가_ 32

禪_ 33

알기에

가장 힘들 때
당신이 곁에 있어 주기를 바라지만
혼자서 견뎌낼 수밖에 없는 시간임을
알기에

울고 싶을 때
당신의 가슴에 안겼으면 좋겠지만
혼자서 훔쳐내야 할 눈물임을
알기에

외로울 때
당신의 손을 잡고 거닐고 싶지만
혼자서 앓아야 할 고통임을
알기에

흔들릴 때
당신만이 나를 잡아줄 수 있건만
나 홀로 비틀거리며 걸어야 할 길임을
알기에

지쳤을 때
당신만이 나를 쉬게 할 수 있지만
난 당신의 침실을 찾을 용기가 없음을
알기에

당신을 사랑하는 것이
크나 큰 고통이 되어 나를 울려도
인생이란 자신만이 치루어야 할 무언가 있음을
알기에

불평없이
당신에 대한 사랑에 감사합니다
당신은 저에게
사랑 그 이상의 사랑을 보여주신 분

어떤 말로도
당신을 사랑하는 행복을 터뜨릴 수 없고
어떤 절망도
당신을 사랑하는 행복을 앗아갈 수 없음을

난 알기에

위 안

그대를 손잡아 주고 싶지만
그럴 수 없는 나를…

그대의 아픈마음을 그대만큼 느끼지만
아는 척 할 수 없는 나를…

그대의 보이지 않는 눈물
나는 보지만 모른 척 하는 나를…

누구보다 인정이 많은 그대
누구보다 가슴 따스한 그대

그런 그대이기에 누구보다
여린 가슴으로 힘들어 하는 그대를

나는 알면서 알지 못하는 듯
지나치고 맙니다

시간은 흐르는 것이고
인생은 죽는 것이니

내가 스스로 그로써 위안을 삼듯
그대도 그로써 위안을 삼기 바랍니다

이렇게 홀로 시를 쓰면서
그대를 위로할 수 밖에 없는 나를…

가슴이 떨렸네요

그대가 흘린 눈물이 그대의 눈물입니다
그대의 가슴이 나에게로 와 웁니다
나의 가슴은 그대에게 가 가만히 있고
그렇게 우리의 가슴이 만났습니다

그대가 흘린 눈물이 나의 가슴에 흐르고
우리는 그렇게 여기 있습니다
더 무슨 말로 가슴이 만난 이 아름다움을 어지럽힐까요?

그대가 흘린 눈물은 나의 눈물입니다
내 아픔이어서 오늘 가슴이 떨렸네요

그대와 나 끝없이 채워지나니

사랑한다는 건
누군가에게 자신의 가슴을 여는 것
그 열린 가슴으로
누군가 걸어들어와 행복한 것

사랑한다는 것
누군가에게 자신의 열정을 주는 것
그 열정이
누군가를 아름답게 하는 것

사랑한다는 건
누군가에게 자신의 전부를 주는 것
그렇게 주고
자신은 아무것도 바라지 않는 것

사랑한다는 건
자신을 텅 비우는 것
그 아름다운 비움에
누군가도 비워지는 것

사랑한다는 건
비워진 두 사람이
마음으로 대화하는 것

아아, 이 덧없는 세상
허무하기 이를 데 없어서
인생은 언제나 외롭지만

사랑이 우주의 마술로 꽃처럼 피어나
그대와 나 그 향에 취하니
마음 충만하여라

비워서 고요한 그 자리에
그대와 나 끝없이 채워지나니
그 이름 사랑이어라

깊은 마음

바람이 보이지 않듯
사랑도 보이지 않는다

마음이 보이지 않듯
사랑은 마음 중에서도 깊은 마음이니까

보이는 것은 낡고 허물어지지만
보이지 않는 것은 영원하다

다만 변덕스런 마음에게만
사랑은 상처를 남길 뿐

원래 사랑은
영원한 것이다

빛

사랑은
갔던 길을 다시는 가지 않네
늘 언제나
새로운 길만을 간다네

사랑은
그 어떤 그림자도 없네
사랑은
그 어떤 형태도 없기에

사랑은
빛일 뿐이며
빛은 언제나 새로운 것
항상 새로운 사랑이기에

그 사랑은 영원하며
그 어떤 권태도 없다네

우리네 사랑은

사랑한다면
사랑 뿐이어야지

사랑한다면서 왜
그다지고 외로워 하나

사랑하면서도 왜
가슴을 채우지 못하나

아아, 우리네 사랑은
금새 초라해지고 너무나도 슬퍼지나니

우리네 사랑은
자신의 욕심일 뿐인 까닭에

아쉬운 마음

최선을 다하고도
사랑은 아쉬운 것입니다

사랑에 있어
최선이란 없습니다

다만, 최선을 다하고도
아쉬운 마음만이 있을 뿐입니다

나를 반기는 이

나는 나에게로
돌아오지 않을 수 없다

누가 나를 반기는가
오직 나일 뿐이지 않던가?

나에게로 돌아와
조용히 빈가슴을 쓰다듬는 것

인생은 결국
자신에게로 돌아가 죽는 것이다

살 결

고독은
영혼의 살결
그 살결을 보듬지 않고서
마음의 평화는 어디에도 없으리

고독은
영혼의 속살
그 속살을 탐하지 않고서
마음의 희열은 어디에도 없으리

고독은
영혼의 피
그 피를 마시지 않으면
그대는 쓰러져 죽으리라!

정말로 달다!

고독의 단맛을 모른다면
인생은 눈물을 그칠 수 없으리라

고독의 단즙을 맛보지 못했다면
인생은 방황을 멈출 수 없으리라

고독의 달콤함을 알기 전에는
인생의 고통은 계속되리라

고독은 정말로 달다!
이것을 깨닫기 전에는

그대는 보지 못하리
아무 것도 듣지 못하리

행복한 나그네

나는
나와 손잡고
나와 나란히 걷는다
나는
나와 즐기고
나와 춤추며 웃는다

나의 스승은
나 자신이라는 것을
분명히 알았기 때문이며
나의 등불은
나 자신이라는 것을
또렷이 보았기 때문이다

나는
나와 더불어
인생을 고뇌하며 진리를 찾는다
나는
나를 믿으며
고난을 이기고 정상에 오른다

나는 내가 좋다
나의 고독과 고독 속의 희열이 좋다
인생은 멋진 것이다
나는 모든 것을 사랑하기 때문이다
무궁무진한 것을 배우며
나는 언제나 멀리멀리 떠나간다

나는 행복한 나그네다

밤마다 사랑하며

어둠을 사랑해 보았는가?
침묵에 깊이 빠져 보았는가?

어둠의 감촉을 사랑할 때 찬란한 빛이 타오르고
침묵의 바다에 빠져들 때 황홀한 노래가 들려온다

영혼에게는 어떤 오락도 필요 없다
심심해 하고 외로워 하는 것은 무지한 방황이다

영혼은 그 자체로써 무한한 기쁨이니
짙은 어둠 속에서 깊이깊이 침묵하라

인생의 비밀을 알고자 한다면
값을 치루라

밤마다 사랑하며
침묵에 녹아들라

송장처럼 누워

송장처럼 누워 살아온 날을 생각하니
그야말로 하룻밤의 꿈이 아닌가

또 어떤 날들을 살지라도
꿈일 뿐

삶이란 그저 꿈속에서 헤매는 것일텐데
무엇을 기뻐하고 슬퍼하리

꿈깨면 그 꿈은 허망하듯
꿈인 줄 알면 삶은 사라지리

삶에 지친 나그네여!
송장처럼 누워 꿈의 영상을 보라!

잠시 세상을 잊도록 하자

결국
누구나 외로와 하며 죽을 것이다
곁에
누군가 있다는 것은 착각이다

결국
누구나 허무의 종점에 이를 것이다
손에
무언가 있다는 것은 착각이다

결국
누구나 자신의 함정에 빠질 것이다
우린
너무나 잘못된 삶에 치우쳐 있다

홀로
자신의 진정한 모습을 찾아서
잠시
세상을 잊도록 하자

시간은 아주 빠르게 지나간다
깊이
깊이
생각하며 살아야 하지 않겠는가!

괴로움

사랑은 이별을 부르고
이별은 슬픔을 부르고
슬픔은 방황을 부르고
방황은 인생을 장식한다

사랑하고도 이별하지 않는 자 누구인가?
이별하고도 슬프지 않는 자 누구인가?
슬퍼하면서 방황하지 않는 자 누구인가?
방황으로 살아가지 않는 자 누구인가?

사랑은
결국 방황
때문에 인생은 괴로움

신비로움

갑자기
아무 이유도 없이
행복이 샘솟아 넘친다

인간은 그럴 수 있다!
그것이 인간의 영혼이다!!
그것이 삶의 신비로움이다!!!

왜 사랑에 질질 짜며
왜 그에게 징징거리며
애원하고 구걸하는가
모든 비극을 애써 만드는가

갑자기 찾아오는 행복조차 너무나 많은데

의·식·주

당당함의 옷을 입고
고요함의 밥을 먹고
자유의 집에 사는 것이
영혼의 생활이다

내면은 고요의 지혜
외면은 당당한 걸음
안팎은 자유의 비상
영혼은 그 길을 원한다

죽으면 다 끝이다

결코
우리는 이 지상에
오래 머물 수 없다
결코
우리는 이 육신을
오래 지킬 수 없다
결코
우리는 이 마음을
오래 견딜 수 없다

죽는 것은 다 알지만
죽는다는 생각은 결코 안한다

사람들은 그저 알 뿐
생각하고 느끼지 않는다

아는 것을 거듭 생각하고 깊이 느껴야
'진실'이 찾아지지 않겠는가

죽으면 다 끝이다
죽으면 아무 것도 없다

죽으면 꿈보다 허무한 세상을
왜 그렇게 난리치며 사나

인생은 꿈이다
알든 모르든 꿈은 꿈이다

그대는 꿈 아닌 것을 아는가?!

어디론가 돌아가네

삶은 우리에게 많은 것을 주지만
그보다 더 많은 것을 되가져 가네

꽃은 아름답지만
반드시 시들고 마네

언뜻 많은 것을 가진듯 해도
실상 아무 것도 가진 게 없네

내가 무엇을 가졌으며
그대 가진 것이 무엇이던가?

내 옆에 누가 있으며
그대 옆에 누가 있는가?

가진 것 모두
되놓고 가야 하는 인생인 것을

꽃의 빛깔과 향기에 감탄하지만
낙엽을 밟아야 하는 인생인 것을…

삶은
왔던 곳으로 돌아가고

꽃은
피기 전으로 돌아가고

나는
있기 전으로 돌아가네

인간의
덧없는 감정

인생의
허무한 사연

사랑의
고독한 방랑

이 모두가
어디론가 어디론가 돌아가네

아, 어찌 無心히 바라보지 않으리
가슴 울리는 기쁘고 슬픈 꿈의 영상을

돌아서면

아버지가 자식들 앞에서는 호랑이라도
돌아서면 홀로 우는 한 남자요

어머니가 자식을 위해 목숨을 버려도
돌아서면 홀로 우는 한 여자일 뿐

아무리 잘난 사람이라고 해도
돌아서면 연약한 한 인간이며

욕망 앞에서
너무나 무력한 패전병일 뿐

아무리 큰소리 치고 당당한 사람도
카리스마의 기질을 타고난 영웅도

돌아서면 외로운 한 인간이며
갈 곳 몰라 하는 영혼의 미아일 뿐

황혼의 빛이 너무나도 아름다운
산사의 풍경속에서 나는 나에게로 돌아선다

돌아서면 웬 낯선 자가 항상 있다
이상한 일이다

아직도 나는
자신을 낯설어 하고 있는가?

나는 아직도
고독에 익숙하지 않단 말인가?

그러나 한번 더 돌아서면
거기 아무도 없다

누가 알까?
아무도 없고 아무것도 없는 절정의 희열을!

열정은 식고 이성은 둔해지네

우리는 서로에게 녹아들기를 바라네
그것은 사랑이어라

우리는 자신에게 빨려들기를 바라네
그것을 명상이라 부르네

우리는 아름다움에 도취되고자 하고
그것은 감상의 파도를 타는 것이네

우리는 꿈에 젖어들기를 바라고
그것을 낭만처럼 여기네

우리는 내일에 기대를 걸어놓고서
그것을 희망이라 하네

우리는 무지개를 보고자 하네
잠깐동안의 환상이라도 그것을 갈망하네

아아, 그것은
무언가 허전하기 때문이 아닌가!

어떻게 해서든
우리는 허전함을 버리려 하지만

시간이 갈수록 나이가 들수록
그것은 불가능해 보이네

열정은 식고
이성은 둔해지네

댓가는
비싼 것

예리하게 세운 날을 밟듯
언제나 날카롭게 깨어 있는 자만이

근원적인 갈망을 채울 수 있으리
자신을 성취하리

그냥 있는 것

내가 눈을 감는데 세상이 열리겠는가?
내가 눈을 뜨는데 세상이 닫히겠는가?

열리지도 닫히지도 않고
그냥그냥 있는 것이 세상이다

진리는 항상
그냥 그렇게 초연히 존재하건만

인간은 항상
세상을 탓하고 진리를 의심한다

무언가 있다!

밤 깊은 때에 촛불도 없이
단정히 앉아 눈을 감는다

고요하고
편안하다

인간의 모든 행위는
봉사가 벼랑으로 가는 것이다

욕심은 눈이 없다
그저 미쳐 날뛸 뿐이다

순간
자신과 마주하고

마음의 눈을 열고
영혼의 진실을 보라

밤 깊은 때에 나는 눈을 뜬다
아무 것도 보이지 않지만

거기 무언가 있다!
그것은 영원하다!

귀를 즐겁게 하는 소리보다

듣기 좋은 꽃노래도 한 두번이지
우리에겐 귀를 즐겁게 하는 소리보다
마음을 편하게 하는 침묵이 필요하지

얼굴을 마주함도 어쩌다가 좋지
우리에겐 빈번한 만남보다
느낌으로 통하는 가슴이 필요하다

고독은 힘들고 두려운 거라고들 하지만
오히려 만나서 떠드는 일이
더 공허하고 괴로움만 남긴다

가장 친밀한 무엇이 있다면
자기만의 공간,
바로 침묵하는 고독이 아닐까?

우린 홀로이지 못하지만
함께이지도 못한 모습이 아닌가?
함께는 많이 겪어 보았고 잘 안다

이젠 혼자가 되어 보아야 하지 않을까?
언제까지 알고도 속으면서
함께에 묻혀 삶을 허비하고 말 것인가?

침묵이 두렵거든 빈 소리의 무익함을
고독이 두렵거든 빈 웃음의 공허함을
자, 이제부터 귀를 즐겁게 하는 소리보다

고독을 즐기는 마음을 갖자

고독한 사람이 되라

고독이라는 내면의 굴 속에 들어가야만
인생의 보물을 발견할 수 있다네
인생이 외롭고 슬픈 까닭은
보물을 잃은 탓이니
정신차려

고독한 사람이 되라!
온 우주의 보물을 다 얻으리라!!

바닷가

가슴 속에 고요의 골짜기가 있다
그 곳에서 영원을 발견하라

고뇌 속에 환희의 봉우리가 있다
그 곳에서 자신을 되찾으라

고독 속에 사랑의 그리움이 있다
그 곳에서 슬픔을 끝마쳐라

눈물 속에 애끓는 사연이 있다
그 곳에서 방황을 쉬어라

침묵 속에 진실한 절규가 있다
그 곳에서 언어를 초월하라

인생이란
하찮은 즐거움으로 인해 웃다가
부질없는 낙심으로 우는 것이 아니다
생의 고락이란 허망한 물거품이니
그대는 우주라는 이 바닷가에서
발앞에 부서지는 파도만을 보는가?
저 끝없는 수평선을 보는가?

禪

하루 중 가장 고요한 시간에
자세를 곧고 편하게 한 뒤
무수한 망상을 버리고

깨어 있어 보라

명료한 의식은
초연히 삶의 덧없음을 바라보며
영원한 기쁨에 녹아들리라

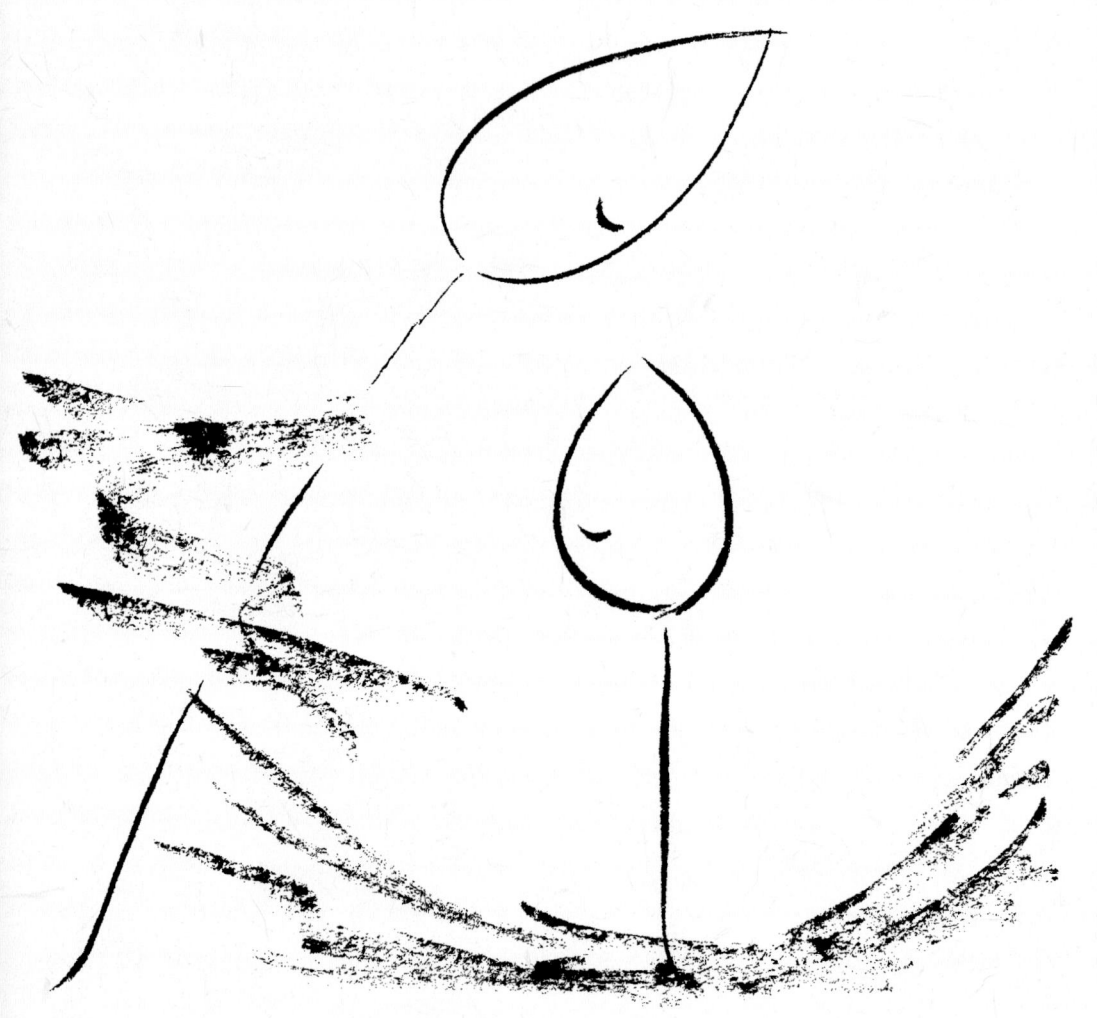

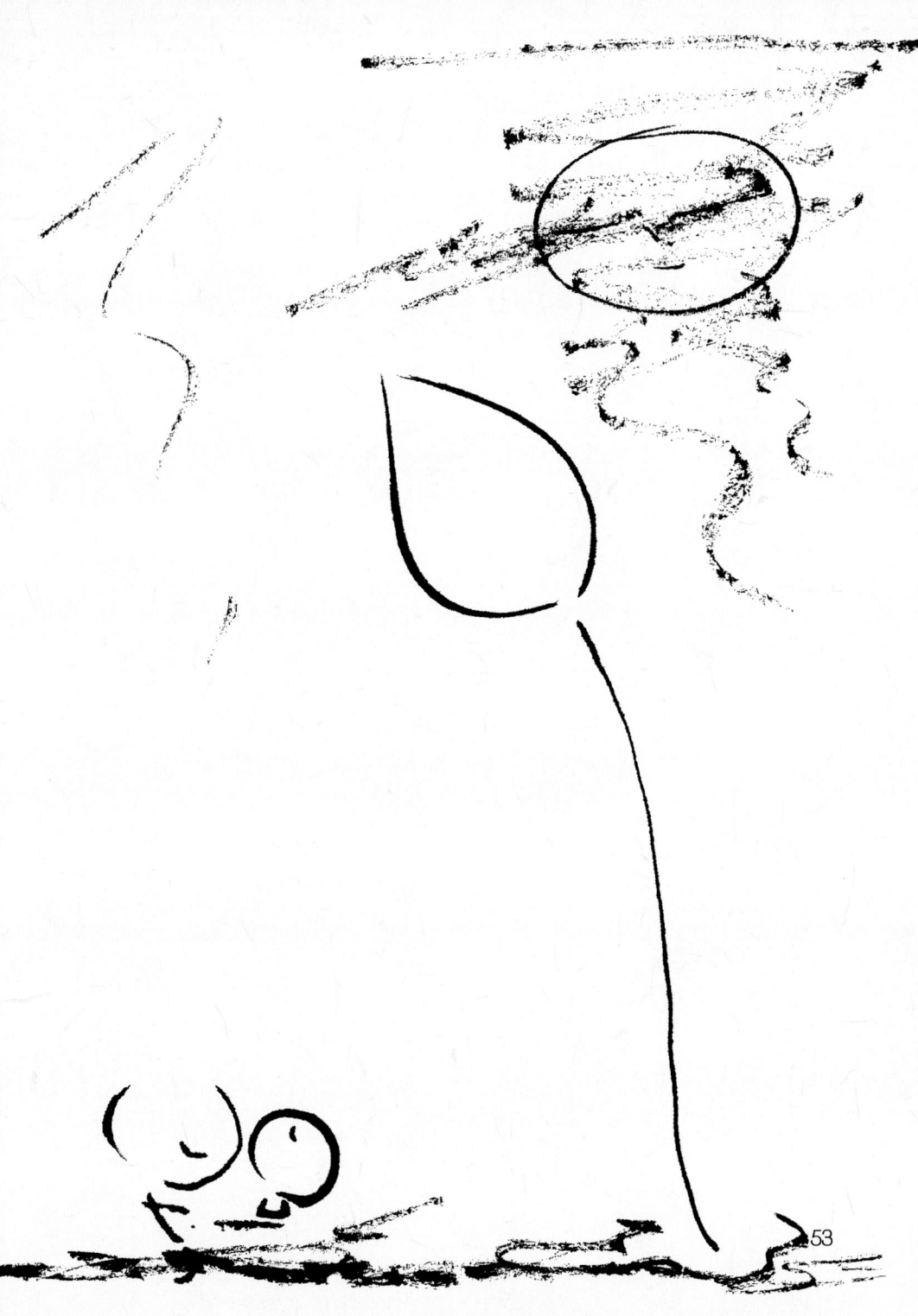

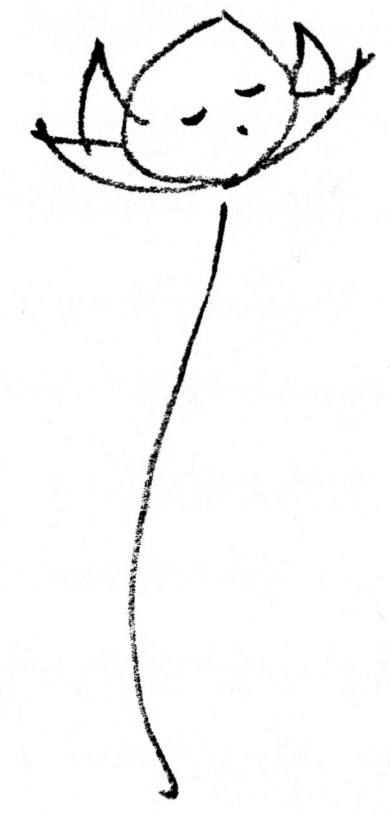

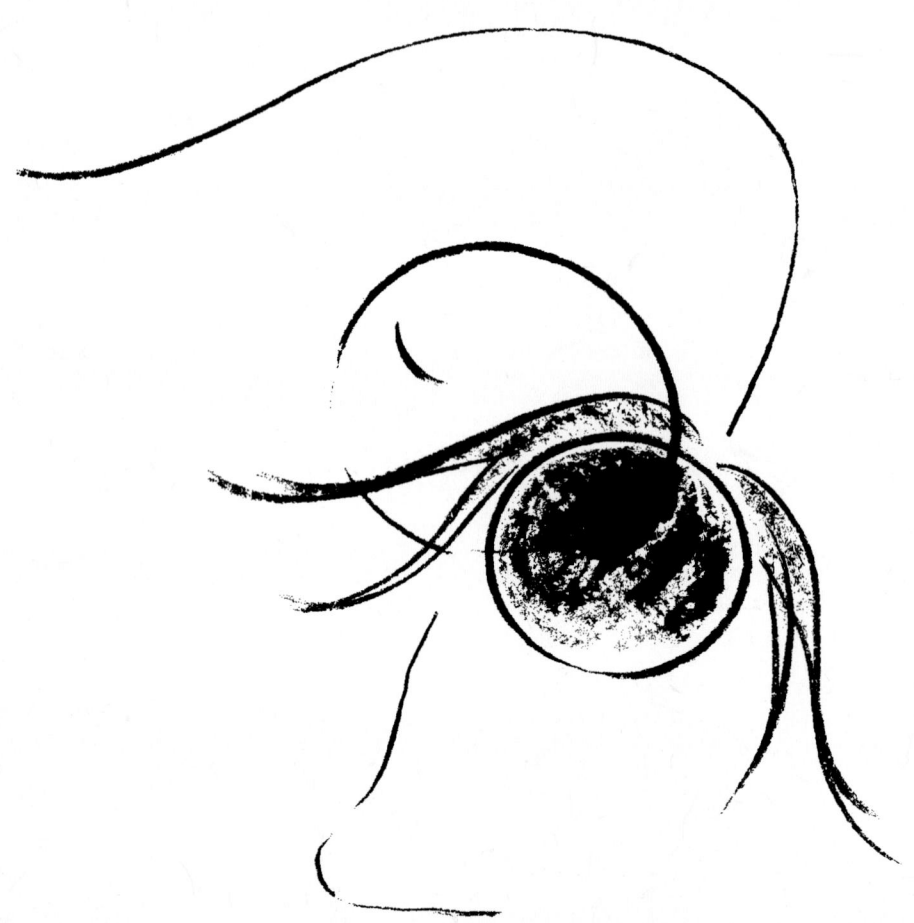

아기에

묵연 스님의 시화집 7

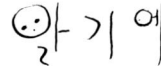

초판 인쇄 – 2007년 12월 25일
초판 발행 – 2007년 12월 30일

엮은이 | 묵연 스님
펴낸곳 | 空
펴낸이 | 문지인

등록번호 | 제 320-2004-47
등록일자 | 2004년 8월 13일

주소 | 경남 김해시 서상동 303-3
전화 | 055-325-1050
핸드폰 | 010-4668-5389
팩스 | 055-325-1050
이메일 | 02fax@hanmail.net

북디자인 | 空 이한기
인쇄 | 영광정밀인쇄사

값 | 10,000원

ISBN 978-89-956522-6-8

※ 이 책자의 저작권은 묵연스님에게 있습니다.
　본문 작품을 사용하시려면 작가와 상의해야 합니다.